Un coaching efficace, la clé

pour éviter la note éliminatoire à l'épreuve de soutenance !

Remerciements

La rédaction de ce livre marque la poursuite de nouveaux challenges que je suis prête à relever et à réussir avec éclat !

C'est pourquoi je tiens à remercier mes aïeux et mes guides pour leurs conseils, leur confiance, leur amour et leur soutien permanents et sans faille à mon égard.

Je remercie également mes proches, et plus particulièrement :
– Ma mère, Guilaine Stella Moulet Matsoulet ;
– Mon père, Joseph Mbougou Ngoma ;
– Hae Chan Lee pour sa personnalité chaleureuse et son éclat, une source inépuisable de positivité et d'inspiration dans ma vie ;
– Bertrand Ber pour m'avoir rappelé l'importance de repartir à la source pour identifier la solution à un challenge, lorsque l'on a le sentiment d'être perdu.

Sommaire

Aperçu sur les attentes du jury

Cette séance rappelle les rudiments sur lesquels le jury DEC fonde son jugement pour évaluer les candidats à l'épreuve de soutenance au DEC.

Ces informations sont en outre rappelées dans :
– la note à l'attention du jury DEC ;
– les rapports du jury DEC portant sur les deux sessions annuelles de mai et de novembre.

Qualité de **la présentation écrite**

Il sera attendu que les propos du candidat soient :

1 *Lisibles*

- *Illustrations (figures, graphiques, schémas, tableaux) sur ½ page maximum.*
  Sinon, apposées en annexe.
- *Taille des caractères : 12.*
- *Interlignes : 1,5 cm.*
- *Marges de 3,5 cm à gauche et à droite.*
- *Marges normales en haut et en bas.*
- *1 800 à 1 900 signes espaces comprises par page.*
- *Pages numérotées (depuis la première page après la page de garde jusqu'à la dernière).*
- *Numéros placés en bas à droite.*

2 *Structurés*

- *Ossature du mémoire (parties/ chapitres/sections) précédée d'une introduction et suivie d'une conclusion partielle des propos mis à disposition.*
- *Introduction : résumé limité de préférence à 5 lignes pour les sections et à 10 lignes pour les chapitres et les parties.*
- *Conclusion : résumé rappelant les éléments clés exposés dans le développement et insistant sur les éléments rédhibitoires à la bonne exécution de la mission proposée au mémoire.*
  Ce résumé se limitera de préférence à 4 lignes pour les sections et à 10 lignes pour les chapitres et les parties.

Aperçu sur les attentes du jury

Qualité de **l'expression écrite**

Niveau de syntaxe et d'orthographe

- *Respect de la syntaxe (ensemble des règles grammaticales).*
- *Absence de fautes d'orthographe.*
- *En cas de difficultés, recourir à un professionnel spécialisé dans la reformulation et la correction de mémoires.*

Clarté des propos

- *Les propos doivent être suffisamment clairs pour être appréhendés par le jury.*
- *La clarté s'apparente à la capacité du candidat à exposer sa réflexion, sa démarche intellectuelle, selon la méthode de l'entonnoir.*
- *Cf. fiche « Les pratiques à adopter rapidement » p. 22-23.*

Qualité des développements internes et niveau d'approfondissement du sujet

- *Présentation des propos en entonnoir et fondée sur les questions suivantes : qui ? que ? quoi ? pourquoi ? comment et avec quoi ? qu'est-ce que cela implique ?*
- *Cf. fiche « Les pratiques à adopter rapidement » p. 22-23.*

Niveau de langage et pédagogie

- *Capacité à rendre accessible des connaissances techniques, au moyen d'un langage simple, néanmoins soutenu, à l'exclusion de tout langage parlé. Cela démontre l'aptitude du candidat à être pédagogue, critère largement évalué à l'épreuve de soutenance du mémoire DEC.*
- *En cas de difficultés, recourir à un professionnel spécialisé dans la reformulation et la correction de mémoires.*

Rigueur et maîtrise du sujet

- *Cohérence des propos, à savoir le lien entre les parties théoriques et pratiques.*
- *Faculté à mener à bien par écrit la réflexion et la démarche conduisant à l'exécution de la mission proposée au mémoire.*

6

Respect des remarques formulées lors de l'agrément

- Respect des promesses formulées dans la notice d'agrément.
- Respect des recommandations du jury formulées lors de l'attribution du 4.1 ou du 4.2.
- Cartographie des conseils du jury.
- Notification explicite de la prise en compte de ces conseils dans le corps du mémoire.

7

Cohérence entre le sujet, le plan, les développements et la bibliographie

- Cohérence de la bibliographie choisie avec le sujet du mémoire.
- Actualisation de la bibliographie entre la date du dépôt de la demande d'agrément et la date du dépôt du mémoire en vue de la soutenance.

8

Pertinence, originalité des propos, qualité de la méthodologie et des outils proposés

9

Mise en avant de l'apport à la profession

- Capacité à démontrer l'existence avérée de l'apport à la profession.
- Cf. la partie « Les annexes » de cet ouvrage.

Les **enquêtes**

Le procédé utilisé pour effectuer ces enquêtes devra avoir donné lieu à une rigueur scientifique quant à la cible visée, la taille de l'échantillon ou le caractère significatif du taux de réponses obtenues (il est possible de recourir à des enquêtes sous forme de questionnaire en ligne). Le jury pourrait s'interroger sur la pertinence des conclusions générales tirées d'enquêtes pour lesquelles, par exemple, le taux de réponses se révèle finalement extrêmement faible.

Aperçu sur les attentes du jury

Les non-dits qui comptent **pour la soutenance**

Le jury attend du candidat qu'il lui présente un mémoire de différentes natures.

Un guide méthodique de déploiement de la mission proposée

Le candidat devra proposer un véritable outil, une démarche, un concentré de connaissances clés que le professionnel doit absolument maîtriser et assimiler pour une prise de connaissances optimale de la réglementation des experts-comptables sur le secteur qui fait l'objet de la notice d'agrément.

Le mémoire devra mettre en évidence :

- Les **aspects positifs des travaux** à réaliser ainsi que leurs effets sur le client et l'expert-comptable.
- Les **aspects négatifs** et les risques des travaux à réaliser ainsi que leurs effets sur le client et l'expert-comptable. Le candidat devra exposer l'attitude du professionnel, les réflexes, les travaux complémentaires à déployer dans le but de résorber les risques en lien avec la mission lorsqu'il est trop tard, ou dans le but d'anticiper ces dernières via des mesures préventives.
- Le **plan de facturation** et la rentabilité de la mission ainsi que les ressources à détenir en amont et/ou en aval pour l'effectuer dans de bonnes conditions (compétences des salariés, matériels, logiciels, temps...).
- Le cas échéant, la **présentation d'un monitoring** permettant d'alerter le client sur l'importance de la mise en place de la mission proposée au mémoire.
- Le cas échéant, la stratégie de « démarchage » client et/ou le plan de communication à adresser au client lors du rendez-vous de prospection.

Un apport qui fournit des outils prêts à l'emploi

Le candidat devra offrir au jury les fichiers sources de ses travaux de type lettre de mission, plan de facturation, tableau de calcul...

Un mémoire attrayant

Le jury se fera en premier lieu une idée du professionnalisme du candidat au travers du mémoire. Le mémoire doit être joli, de la page de garde à la dernière page du mémoire.

Il ne faut pas hésiter à faire appel à un graphiste.

Un mémoire interopérable

Le jury doit pouvoir facilement naviguer entre les différentes annexes (cf. séance n° 3) et le corpus. Il est vivement recommandé d'introduire des liens hypertextes dans le corps du mémoire et dans les annexes.

Les erreurs rédhibitoires **à éviter**

Le fond

- *Oublier de se relire.*

- *Oublier de prévoir des introductions, des annonces de plans, des transitions entre les différentes subdivisions du corps du mémoire.*

- *Adopter une rédaction de type circulaire administrative et passer du titre du chapitre au titre du paragraphe sans la moindre annonce de plan ou introduction.*

- *Proposer une bibliographie qui manque cruellement de substance.*

- *Entrecouper la rédaction du corps du mémoire d'encadrés du type « fil rouge », « parole d'expert », « parole de professionnel », « bonne pratique », « expérience du candidat », « présentation de l'annexe » qui coupent le jury dans sa lecture et lui apparaissent comme un moyen de combler l'absence de substance pour atteindre les 100 pages requises.*

- *Proposer une autoévaluation de l'intérêt des annexes proposées au mémoire avec un système de cotation sous forme d'étoiles. Cela marque le manque d'intérêt de l'annexe proposée, notamment si elle est mal notée.*

- *Proposer des annexes qui n'ont pas de lien avec la mission proposée au mémoire, qui ne sont que le copié/collé de documents publics ou qui omettent de respecter les règles élémentaires de confidentialité ou d'être anonymes.*

La forme

- *Oublier de respecter les règles de mise en page (1,5 en interligne dans tout le mémoire, hors annexes).*

- *Oublier l'utilisation des liens hypertextes dans le mémoire.*

- *Oublier de présenter la bibliographie selon certaines normes exposées dans la note du jury et rappelées dans la journée de formation DEC prévue en troisième année de stage.*

Différence entre note de synthèse et introduction

La note **de synthèse**

Elle résume de manière claire et concise les points clés, les enjeux ainsi que les notions essentielles à retenir. Elle énumère les points importants du mémoire et se construit en trois étapes clés.

Étape 1 : exposer le contexte

- Exposer l'ampleur du secteur, sa place dans l'économie française et/ou européenne en citant les chiffres clés, tels que le chiffre d'affaires, la contribution du secteur dans le PIB français en valeur ou en pourcentage.
- Démontrer l'attractivité du secteur (secteur porteur, novateur, historique ?) et l'étendue de ce secteur d'activité (nombre d'entreprises ?), tout en mettant l'accent sur l'état de santé général du secteur afin d'inciter l'expert-comptable à accompagner ces entreprises.
- Présenter les difficultés, les défis, les besoins ou les failles que le candidat aura identifiés dans le secteur concerné, au regard des acteurs qui y exercent directement ou indirectement, et pour lesquels aucune solution de conseil ou d'accompagnement n'a encore été apportée.
- Souligner le rôle clé que les experts-comptables ont à jouer face aux challenges/failles/besoins que le candidat a mis en avant précédemment, tout en mettant l'accent sur l'intensité et l'urgence d'accompagner les PME considérées.

La sous-traitance dans le secteur de la construction est un modèle économique qui s'est progressivement imposé dans les projets de construction des entreprises.

Pour bénéficier d'un savoir-faire toujours plus spécifique, de qualité et à moindre coût, il n'est pas rare de voir ces entreprises recourir à des prestataires de services internationaux. Pour exécuter les contrats de sous-traitance qui leur ont été confiés, les prestataires de services internationaux de l'Union européenne sont amenés à faire usage des dispositions prévues à l'article 12G1-1 du Code du travail, à savoir le détachement temporaire de leurs effectifs sur le sol français. En dépit du succès du dispositif de détachement de travailleurs, les irrégularités et les fraudes au détachement se généralisent, poussant le législateur à intervenir : les règles en matière de détachement de travailleurs ont été clarifiées par la directive 2018/957/UE du 28 juin 2018.

Face aux irrégularités, qui résultent bien souvent d'une mauvaise appréhension de la réglementation française en matière de détachement de travailleurs en France, l'expert-comptable a son rôle à jouer dans le conseil au client qui recourt à ce dispositif.

Il incombe alors au professionnel mandaté de bien connaître les spécificités réglementaires qui encadrent la mission, afin d'accompagner au mieux le client.

Étape 2 : annoncer le plan

Exposer en combien de parties le mémoire sera décliné, en rappelant succinctement le contenu des parties à développer au mémoire.

> *Ce mémoire se décline en trois parties.*
>
> *La première partie aborde le détachement de travailleurs en analysant et en mettant en exergue des points d'attention pour l'expert-comptable.*
>
> *La deuxième partie s'intéresse aux modalités pratiques du détachement salarial, avec une proposition de feuilles de route pour l'expert-comptable : les propos présentés sont illustrés à travers l'exemple de deux sociétés étrangères appartenant au secteur de la construction et sans établissement stable en France.*
>
> *La troisième partie développe les missions annexes au détachement de travailleurs en France et propose des guides d'accompagnement en la matière pour l'expert-comptable.*

Étape 3 : détailler les objectifs des différentes parties exposées au mémoire

Exposer en une dizaine de lignes les objectifs poursuivis par chacune des parties proposées au mémoire. Il est essentiel d'y présenter les éléments indispensables afin d'asseoir l'intérêt du mémoire. Pour rédiger cette partie, le candidat pourra s'appuyer sur les éléments reportés au volet « objectifs poursuivis » de sa notice d'agrément.

Dans la première partie, les objectifs ci-dessous devront être atteints :

- Apporter à l'expert-comptable :
- les connaissances clés liées à l'environnement économique et au secteur d'activité exploités dans le mémoire ;
- les connaissances d'ordre technique que le professionnel doit absolument maîtriser pour être en mesure d'accompagner ses clients, illustrées par des cas réels, des partages d'expériences et des points d'attention pour l'expert-comptable ;
- les écueils à éviter afin de limiter les risques inhérents à la mission proposée.
- Démontrer, par des données chiffrées, le potentiel présent et futur de la mission :
- démontrer l'intérêt que représente pour l'expert-comptable la possibilité de développer et/ou de proposer l'accompagnement faisant l'objet du mémoire.

L'objectif de la première partie de ce mémoire est de démontrer par des données chiffrées le potentiel que revêt la mission de détachement et l'intérêt que représente, pour l'expert-comptable, la possibilité de développer et/ou de proposer cette forme d'accompagnement.

Ainsi seront au préalable exposées les motivations, souvent économiques, qui amènent les prestataires de services internationaux à détacher en France leurs salariés, alors qu'ils ont fréquemment une faible connaissance des réglementations qui encadrent ce statut social dans la métropole.

Par la suite, seront mis en exergue un ensemble de points d'attention relatifs à la réglementation française du droit social et du droit fiscal, inhérents à la mission, et que l'expert-comptable devra maîtriser pour accompagner au mieux cette clientèle.

Enfin, un ensemble de cas réels illustreront la mission.

Dans la deuxième partie et les suivantes, les objectifs ci-dessous devront être atteints :

- Mettre à la disposition de l'expert-comptable le savoir-faire et le savoir-être à appréhender pour réaliser la mission, dans un contexte de profession réglementée.
- Esquisser la démarche que l'expert-comptable devra respecter dans le cadre de sa mission, tout en sécurisant ses interventions.
- Proposer au professionnel des outils pratiques qui lui permettront d'accompagner son client à chaque étape de la mission proposée au mémoire.
- Le cas échéant, présenter l'ensemble des prestations annexes que l'expert-comptable peut proposer au client.

La deuxième partie proposera, quant à elle, un ensemble de feuilles de route illustrées par des cas concrets et relatives à l'accompagnement du détachement vers la France de travailleurs dans le secteur de la construction.

Le premier chapitre de cette partie esquisse la démarche que l'expert-comptable devra respecter dans le cadre de sa mission, tout en sécurisant ses interventions.

Le second chapitre offre une démarche pratique permettant à l'expert-comptable d'accompagner les entreprises étrangères dans le déploiement en France du dispositif de détachement de travailleurs. À cet effet, des outils pratiques seront en outre proposés pour que le professionnel puisse accompagner son client à chaque étape du projet.

Différence entre note de synthèse et introduction

L'introduction

Elle introduit le contexte global de la problématique générale soulevée par le mémoire et à laquelle le candidat doit répondre. Dans le cadre du mémoire DEC, l'introduction devra être construite selon quatre étapes clés.

Étape 1 : exposer le contexte macroéconomique couvrant le sujet à développer au mémoire

Décrire brièvement les éléments essentiels (contexte social, sociétal, historique, culturel, international, économique et financier) qui encadrent le sujet à développer au mémoire.

> *À l'aune de la maximisation des échanges au sein de l'Union européenne, le dispositif de détachement de travailleurs s'est largement ancré dans les pratiques organisationnelles des entreprises du secteur de la construction, en France. Initiée dans le but de booster les échanges dans l'Union européenne, cette gestion atypique des ressources humaines donne, aux entreprises qui y ont recours, la faculté de maintenir leurs niveaux de compétitivité et de marge à un seuil convenable. En effet, le détachement de travailleurs offre aux entreprises utilisatrices françaises l'alternative de transformer, à moindre coût, une partie de leurs charges fixes en charges variables, tout en bénéficiant d'un savoir-faire spécifique de la part de leurs sous-traitants.*
>
> *Ce dispositif permet également aux prestataires de services internationaux de déployer sur des chantiers français une partie de leurs effectifs excédentaires, un moyen astucieux de sécuriser leurs marges et d'étendre leurs activités à l'échelle européenne.*

Étape 2 : exposer l'intérêt du sujet développé au mémoire

Cela suppose que le candidat expose, en ricochet du contexte macroéconomique, les besoins spécifiques, les difficultés, les failles spécifiques identifiées, pour lesquels il n'existe pas d'accompagnement par les experts-comptables, et qui rendent légitime la problématique soulevée au mémoire.

Les propos développés diffèrent des éléments annoncés à la note de synthèse.

> *Ce contexte favorable à l'essor des échanges de la prestation de services internationaux, incite les prestataires de services internationaux à se ruer vers les marchés français du secteur de la construction. Ce périple, qui semble aisé au premier abord, s'avère en fait complexe à réaliser. La réglementation spécifique du dispositif de détachement de travailleurs en France requiert une maîtrise au préalable du droit social et fiscal français en la matière.*
>
> *Cependant, les multitudes de redressements adressés aux prestataires de services internationaux (tantôt pour détachement irrégulier, tantôt pour fraude au détachement par les agents de contrôle du sol français) démontrent un engouement pour un dispositif dont les mécanismes sont peu ou mal maîtrisés.*

Étape 3 : annoncer la **problématique générale du mémoire**

Le candidat présentera un besoin, une faille ou une carence pour lesquels il s'est fixé pour objectif d'apporter une solution d'accompagnement, reposant sur un ensemble d'outils pratiques et opérationnels permettant à l'expert-comptable de réaliser la mission proposée au mémoire dans de bonnes conditions.

> *L'objectif de ce mémoire est donc de montrer à l'expert-comptable*
> *« comment il peut accompagner efficacement une clientèle étrangère*
> *du secteur de la construction, dans le cadre d'une mission*
> *sociale de détachement » et « comment il pourra*
> *par la suite commercialiser des prestations annexes ».*
>
> *Pour ce faire, un ensemble d'outils pratiques sera proposé*
> *aux experts-comptables, ce qui leur permettra d'exécuter*
> *dans de bonnes conditions les travaux envisagés.*

Étape 4 : annoncer le **plan du mémoire et l'intérêt de chaque partie**

Il s'agira de proposer une synthèse des thèmes essentiels qui seront développés dans les différentes parties du mémoire. Le candidat pourra en outre se référer à la partie « Objectifs poursuivis » de la notice explicative pour rédiger et compléter ce volet.

> *Le plan détaillé induit par les objectifs précédemment exposés s'articulera en trois parties,*
> *à savoir :*
>
> *– une première partie dans laquelle seront notamment présentées les motivations,*
> *souvent économiques et financières, qui amènent les prestataires de services internationaux*
> *à détacher en France leurs salariés. Par la suite, seront mis en exergue les fondamentaux*
> *de la réglementation française du droit social et du droit fiscal inhérents à la mission*
> *et que l'expert-comptable devra maîtriser pour accompagner au mieux cette clientèle ;*
>
> *– une deuxième partie qui sera l'occasion de proposer à l'expert-comptable un guide*
> *d'accompagnement pour exécuter la mission sociale de détachement.*
> *Celui-ci sera composé de plusieurs feuilles de route dont chacune expose les étapes*
> *à suivre durant la mission envisagée.*
>
> *– enfin, une troisième partie qui fournit à l'expert-comptable un panorama de missions*
> *complémentaires à forte valeur ajoutée que le professionnel pourra proposer à son client.*
> *Les travaux proposés seront appuyés par un ensemble d'outils opérationnels*
> *et concrets qui aideront l'expert-comptable dans sa démarche.*

Comment rédiger pas à pas la partie théorique du mémoire DEC ?

La rédaction du mémoire est l'occasion pour le candidat de confirmer au jury qu'il a eu raison de lui octroyer un 4.1. C'est le moment pour lui de :

– démontrer qu'il a les connaissances suffisantes sur le sujet ;

– mettre en avant son expertise au travers de partages d'expériences ;

– démontrer que son mémoire est loin d'être un rapport de stage ou un amas de connaissances théoriques.

L'objectif de cette séance est de présenter au candidat les pratiques à éviter et les pratiques essentielles à maîtriser pour rédiger le mémoire DEC dans de bonnes conditions.

Les pratiques **à éviter**

1 — *Utiliser les expressions requalifiant le mémoire en « rapport de stage »*

- *Les expressions telles que « je », « moi », « moi, expert-comptable stagiaire », « mon mémoire », illustrent clairement que le candidat n'a pas appréhendé les enjeux ainsi que sa posture à l'épreuve du mémoire DEC.*
- ***Action à mettre en place** : remplacer ces expressions par « le professionnel devra », « il est conseillé de », « l'expert-comptable devra ».*

2 — *Utiliser des expressions qui nuisent à la légitimité des propos*

- *L'usage d'expressions de type « notre cabinet », « notre client », « notre expert-comptable », « l'expert-comptable a donc conseillé au dirigeant », caractérise clairement le fait que le candidat n'a pas participé à la mission. Il n'est donc pas légitime dans les propos qu'il apporte au mémoire.*
- ***Action à mettre en place** : remplacer ces expressions par « le professionnel devra », « il est conseillé de », « l'expert-comptable devra », « il est recommandé au professionnel », « tel que mis en évidence », « tel que partagé en annexe ».*

3 — *Utiliser excessivement les mêmes tournures de phrase*

- *La redondance des mêmes termes deviendra agaçante.*
- ***Action à mettre en place** : utiliser des synonymes.*

4 — *Être dans la peau d'un expert-comptable mémorialiste*

- *Le candidat éprouvera des difficultés à exposer les challenges que l'expert-comptable doit relever et les risques auxquels il doit faire face. Le mémoire sera orienté « rapport de stage ».*
- ***Action à mettre en place** : se mettre dans la peau de l'expert-comptable à 360 degrés et matérialiser au mémoire ce que cette posture implique lorsque les travaux sont bien réalisés et que les difficultés sont [ou pourraient être] caractérisées.*

5 — *Bannir le français parlé*

- *Le candidat n'aura pas l'ensemble des points nécessaires, car le jury évalue le niveau d'expression écrite du mémoire.*
- ***Action à mettre en place** : se relire ou avoir recours à un professionnel de la relecture.*

Comment rédiger pas à pas la partie théorique du mémoire DEC ?

Les pratiques **à adopter rapidement**

Commencer systématiquement chaque partie/chapitre/section par une introduction

- *Le jury appréhende parfois les propos du mémoire de manière transverse ; structurer les idées par une introduction permettra de piloter la lecture du jury.*

- *Résumer l'essentiel des propos qui seront développés dans la suite du corpus (3 à 5 lignes maximum pour les chapitres et les sections, 4 à 10 lignes maximum pour les parties).*

Rédiger ses propos selon la méthode de l'entonnoir

- *Cette technique essentielle met en avant la qualité des développements internes et le niveau d'approfondissement du sujet choisi par le candidat. Elle aide également le jury à appréhender la réflexion du candidat à 360 degrés.*

- ***Étape 1 : « Qui/que ? »** Rappeler, en début de phrase de développement, le contexte global, historique et économique, ainsi que tout facteur clé qui caractérise les notions à développer au paragraphe.*

- ***Étape 2 : « Quoi ? »** Apporter des précisions sur le sujet qui fait l'objet de l'analyse du paragraphe considéré.*

- ***Étape 3 : « Pourquoi ? »** Rappeler les raisons qui motivent le candidat à exposer les connaissances mises à disposition du jury et que le professionnel doit absolument maîtriser pour réaliser la mission dans de bonnes conditions.*

- ***Étape 4 : « Comment et avec quoi ? »** Expliquer le comportement que doit afficher le professionnel face aux situations exposées, en s'appuyant sur les outils et les démarches créés au préalable pour lui permettre d'atteindre son objectif.*

- ***Étape 5 : « Qu'est-ce que cela implique ? »** Exposer les répercussions positives ou négatives inhérentes à la bonne ou mauvaise application des connaissances et des démarches mises à la disposition du jury. Apporter des solutions correctives aux anomalies présentées dans le mémoire.*

3

Terminer systématiquement chaque partie/chapitre/section par une conclusion partielle

- *Résumer l'essentiel des propos (3 à 5 lignes maximum pour les chapitres et les sections, 4 à 10 lignes maximum pour les parties).*

- *Faire ressortir l'aspect conseil à retenir par l'expert-comptable. Toutefois, cela ne devra pas figurer au « cadrant conseil de l'expert », s'agissant d'une erreur rédhibitoire.*

- *Inclure un conseil clé, une pratique indispensable que l'expert-comptable devra obligatoirement retenir des propos portés à sa connaissance afin de bien accompagner le client.*

Les connaissances cruciales que **l'expert-comptable doit maîtriser**

La première partie

La première partie du mémoire pourra regrouper toutes les **connaissances cruciales pour la réalisation de la mission**. Elle apportera à cet effet à l'expert-comptable les connaissances clés liées à l'environnement économique et au secteur d'activité exploités dans le mémoire et les connaissances d'ordre technique que le professionnel doit absolument maîtriser pour être en mesure d'accompagner ses clients.

Pour ne pas tomber dans le piège du mémoire « théorique/rapport de stage », les connaissances dites « théoriques » devront absolument être illustrées par des partages d'expériences, des cas réels, des points d'attention à l'usage du professionnel.

Le premier chapitre

Le chapitre 1 devra mettre en exergue l'état de santé général et/ou spécifique du secteur évoqué, tout en montrant la place clé que ce dernier occupe en France. Enfin, il devra rappeler à l'expert-comptable l'intérêt du sujet, à savoir les défis/besoins que le candidat a identifiés, en mettant aussi en évidence le besoin d'accompagnement des entreprises considérées dans le mémoire.

Pour parvenir à cette fin, et selon les besoins de la mission, nous suggérons au candidat d'apporter des réponses certaines aux questions suivantes relatives à l'apport de connaissances liées à l'environnement macro/micro de la mission.

Comment rédiger pas à pas la partie théorique du mémoire DEC ?

1 Sur le secteur

- Quel est le secteur concerné par mon sujet ?

- Comment le définit-on ?

- Quels cadres conceptuels et quels textes organisent et/ou réglementent le secteur et/ou la mission objet du mémoire ?

- Quelle est la taille du secteur d'activité en France et/ou en Europe, ou ailleurs si la mission est internationale ?

- **Outils minimum attendus :** cartographie des textes clés qui régulent le fonctionnement du secteur concerné, cartographie des acteurs et organismes/agents de régulation clés impactant le secteur et la mission.

2 Enjeux du secteur et situation globale

- Quels enjeux ce secteur représente-t-il dans la sphère économique française et/ou européenne ?

- Quels sont les chiffres clés qui caractérisent ce secteur ?

- Combien d'entreprises exercent une activité dans ce secteur en France et/ou en Europe ? Qu'est-ce qui justifie l'attractivité de ce secteur pour les entreprises en question ?

- Comment se porte le secteur d'activité en France ? Et, par ricochet, les entreprises qui y exercent leur activité ?

- Quel est l'impact de l'intensité concurrentielle sur le niveau d'activité des entreprises qui exercent dans ce secteur ?

- **Outils minimum attendus :** étude démontrant l'attractivité du secteur, diagnostic de l'état concurrentiel des professionnels proposant actuellement ou non la mission.

Besoins client et intérêt du sujet pour l'expert-comptable

- *Au regard du secteur d'activité et des entreprises qui y exploitent une activité, quels sont les besoins, les challenges et les difficultés, que le candidat a identifiés, auxquels ces entreprises font face et pour lesquels aucune réponse n'a encore été apportée ?*

- *Pour les entreprises concernées, quels sont les effets induits par ces difficultés/besoins/challenges : au niveau de leur activité globale, de leur organisation, de leur stratégie, de leur pérennité, de leur système de contrôle interne, de leur système managérial, de leur taille… ?*

- *Quels sont les chiffres clés qui caractérisent les challenges auxquels sont confrontées les entreprises sujettes à la problématique soulevée dans le mémoire ?*

- *Au regard de ces difficultés/besoins/challenges, en quoi l'expert-comptable est-il le partenaire le mieux adapté pour accompagner les entreprises en question ? Pour quelle raison son intervention est-elle indispensable ?*

- ***Outils minimum attendus :*** *partage des annexes informatives essentielles pour la prise de connaissance de l'environnement extérieur, graphique illustrant l'évolution dans le temps du nombre d'entreprises pouvant être concernées par la mission.*

Comment rédiger pas à pas la partie théorique du mémoire DEC ?

Le chapitre 2 et les suivants

Le chapitre 2 liste les connaissances clés que l'expert-comptable devra maîtriser afin de réaliser ses travaux et d'apporter ses conseils à son client dans le contexte de la mission. La rédaction supposera que l'équilibre des parties théoriques et pratiques soit maintenu. Pour y parvenir, et selon les besoins de la mission, le candidat devra développer les points suivants, indispensables à l'accomplissement de la mission.

1

Apport de connaissances techniques

- *Répondre à la question « Quels prérequis d'ordre technique ai-je besoin de maîtriser pour légitimer l'accompagnement de mon client ? Sachant que le respect de l'obligation de conseil et de la norme de maîtrise de la qualité m'incombe ».*

- *Mettre à disposition des connaissances relevant du droit fiscal/juridique/comptable/ successoral, des connaissances stratégiques/patrimoniales/managériales, des connaissances relevant du pilotage financier, du contrôle de gestion, du droit social, du droit des sociétés, de l'audit interne comptable et financier.*

- *Mettre à disposition des connaissances relevant des actes et des formalités à effectuer.*

- ***Outils minimum attendus :*** *fiche récapitulative des connaissances clés portant sur le domaine qui fait l'objet du mémoire, check-list des documents nécessaires à la réalisation de l'acte ou de la formalité concernés.*

2

Apport professionnel du candidat

- *Répondre à la question « Qu'est-ce qui légitime mes propos face à mes futurs confrères experts-comptables et auprès du jury du DEC ? »*

- *Illustrer ces connaissances par des exemples de mises en situation résultant de votre expérience professionnelle, tels que les partages d'expérience, les points d'attention à l'usage de l'expert-comptable ou les exemples tirés de cas réels. Ils vous permettront de démontrer aux experts-comptables et au jury la nécessité de maîtriser ces prérequis et de les utiliser à bon escient pour ne pas faire défaut à l'obligation de conseil et à la norme professionnelle de maîtrise de qualité.*

- ***Outils minimum attendus :*** *cartographie des risques inhérents aux défauts de maîtrise de connaissances, récapitulatif des partages d'expérience concernant les aspects particuliers des écueils à éviter et des bonnes pratiques à mettre en œuvre, récapitulatif des illustrations de cas réels.*

La technique de rédaction
des propos dits « théoriques »

Le candidat préférera systématiquement l'ossature suivante pour exposer sa réflexion au mémoire.

Étape 1 : proposer une phrase qui rappelle le contexte des propos qui seront développés dans la sous-section, à savoir le « qui » ou le « quoi », clés du sujet à exposer

Rappeler, en début de phrase de développement, le contexte global, historique, social, économique ainsi que tout facteur clé qui caractérise ou influence les notions à développer au paragraphe.

La notion d'établissement stable

L'entreprise étrangère qui souhaite faire usage du dispositif du détachement doit être, au préalable, obligatoirement établie dans l'État d'envoi tel que nous l'avons mis en exergue au travers du point d'attention n° 1.

Ce prérequis a été instauré par le législateur afin de limiter les abus de détachement et de réduire, entre autres, la « prolifération » des structures dites « boîtes aux lettres » dans les pays européens pratiquant de faibles coûts salariaux.

Étape 2 : développer avec cohérence le sujet qui fait l'objet de l'analyse du paragraphe considéré

Une fois que le contexte est exposé, il faut approfondir la réflexion. Pour ce faire, le candidat prendra soin de mettre à disposition du jury les connaissances considérées et de rappeler en quoi elles sont indispensables. Il prendra soin d'illustrer son propos par un exemple issu d'un cas réel professionnel (vécu ou non).

Séance n° 3
Comment rédiger pas à pas la partie théorique du mémoire DEC ?

De multiples facteurs objectifs permettent de vérifier cette réalité d'établissement et sont proposés à l'usage du professionnel au travers de l'OPE n° 1.

Ainsi, dès lors que le niveau des activités de l'entreprise étrangère atteint un seuil de 25 % du niveau de son chiffre d'affaires global, en France, par exemple, les dispositions du détachement prévues par l'article L.12G2-1, 1° du Code du travail cessent de produire leurs effets et obligent nécessairement l'entreprise d'envoi à déclarer en France un établissement ou à cesser d'y exercer ses activités.

Soucieuse de maintenir cette activité en France, sans être contraint d'affilier ses travailleurs au régime de sécurité sociale du territoire national, l'entreprise étrangère, désormais établie au sens fiscal en France, envisagera de recourir au dispositif de détachement intragroupe prévu à l'article L.12G2-1, 2° du Code du travail, tel qu'expliqué au point d'attention n° 15 pour justifier du bien-fondé du détachement de ses travailleurs en France.

Étape 3 : exposer les effets induits par l'appréhension ou la mauvaise appréhension des connaissances mises à disposition

Le candidat prendra soin de rappeler les conséquences positives que le client et l'expert-comptable tireront de la maîtrise et de l'application de ces connaissances. Il illustrera son propos, le cas échéant, par un exemple issu d'un cas réel professionnel (vécu ou non).

Ainsi, au regard de ce qui précède, la présence de ces différents concurrents ne doit pas freiner l'expert-comptable dans son élan pour proposer cet accompagnement à sa clientèle.

Au contraire, le premier contact avec le client est l'instant clé qui influe sur la poursuite des relations d'affaires.
Il est indispensable qu'en sa qualité de conseiller et de pédagogue, l'expert-comptable puisse convaincre et rassurer le prospect client.

Ainsi, une communication bien orchestrée incitera ledit client à solliciter le professionnel à chaque étape du déploiement du dispositif de détachement sur le sol français, et bien au-delà de l'élaboration des paies, lorsqu'une piste d'installation durable en France est envisagée.

D'où la nécessité pour l'expert-comptable de maîtriser, au préalable, les prérequis relatifs à la mission de détachement que nous étudierons au chapitre suivant.

Le candidat prendra soin de rappeler les conséquences négatives auxquelles feront face l'expert-comptable et le client s'ils n'appliquent pas les prérequis mis à leur disposition, s'ils en font un mauvais usage, une application partielle, ou s'ils omettent volontairement d'en tenir compte.

Le candidat illustrera ces situations par un exemple issu d'une situation professionnelle vécue ou non.

À défaut, tel que discuté au point d'attention n° 5, la procédure envisagée est frappée de caducité.

D'autres cas susceptibles de mettre fin au dispositif de détachement existent et sont évoqués en annexe n° 22AF.

Par ricochet, le candidat prendra soin de proposer, face aux risques exposés, des solutions visant à les résorber, les limiter, les corriger. Le candidat illustrera ces situations par un exemple tiré d'une situation professionnelle vécue ou non. De plus, il mettra en avant les outils construits par ses soins et que l'expert-comptable pourra déployer afin de résorber les risques identifiés.

Ce flou devra inciter l'entreprise concernée à déclarer un établissement stable, au moyen de l'annexe n° 22E-BIS, dès le début des activités de l'entité en France.

Et ce, d'autant plus, lorsqu'il est notable que l'entreprise s'est créée dans l'État d'envoi et est aussitôt venue fournir des prestations sur le territoire français.

Étape 4 : fonder ses propos sur une bibliographie cohérente et de qualité

Pour montrer au jury que la réflexion induite repose sur une référence bibliographique solide déployée tout au long du mémoire, le candidat devra introduire trois références bibliographiques minimum par page dans la partie dite « théorique » du mémoire.

Celle-ci devra systématiquement être cohérente avec le sujet développé au mémoire.

Comment rédiger pas à pas la partie théorique du mémoire DEC ?

Les figures, les graphiques, les tableaux **à introduire**

Particularités des illustrations du mémoire (partie théorique)

- *Elles devront avoir un titre.*

- *Elles devront être appuyées par des références bibliographiques, c'est-à-dire la source dont elles sont éventuellement extraites. Lorsque le candidat en est l'auteur, la mention « Création de l'auteur du mémoire » devra être apposée.*

- *L'intérêt des figures devra obligatoirement ressortir au paragraphe considéré.*

- *Une phrase devra obligatoirement les introduire et sera à rédiger en cohérence avec les propos développés au paragraphe.*

Le secteur de la santé, qui comprend des établissements publics et privés aux statuts variés, joue un rôle notable dans l'économie française, représentant environ 12 % du PIB et employant plus de 1,4 million de personnes.

En comparaison, les établissements publics de santé, autonomes et rattachés à une collectivité locale, ont une mission de soins et de promotion de la santé publique.

En revanche, les établissements privés, aux statuts divers (SA, SARL...), ont pour objectif de réaliser du profit. Les cliniques médicales privées lucratives sont en croissance, enregistrant 13 millions de patients en 2022, comme illustré dans la figure 1 ci-après :

Figure 1 : Nombre de patients par type d'établissement en 2022

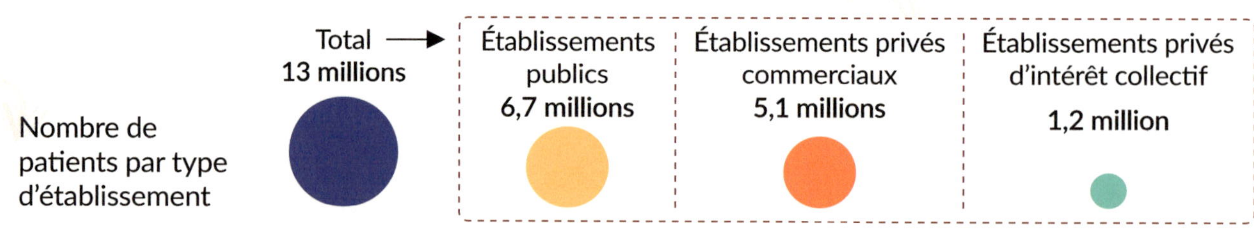

[Source:https://www.atih.sante.fr/sites/default/files/public/content/4416/atih_chiffres_cles_h_2022_.pdf]

Les annexes

- *Elles devront avoir un titre qui figure dans le tome des annexes.*

- *L'essence de l'annexe devra être obligatoirement résumée au mémoire en cohérence avec les propos du paragraphe considéré.*

- *L'intérêt de l'annexe dans l'accomplissement de la mission devra obligatoirement ressortir au paragraphe considéré.*

- *Les termes clés devront être utilisés pour valoriser les annexes propres au mémoire. Exemples : « Tel que proposé en annexe X », « Tel que partagé à l'usage de l'expert-comptable en annexe X », « Tel que mis à disposition de l'expert-comptable en annexe X », « Tel que discuté en détail en annexe X ».*

La notion d'établissement stable

Les agents de contrôle du sol français sont amenés à intervenir sur les chantiers détenus par les entreprises étrangères présentes sur le territoire national et à s'entretenir avec leurs dirigeants, qui ne s'expriment pas toujours en langue française. Or, cette barrière de la langue sape la qualité d'investigation des agents de contrôle.

C'est pourquoi le législateur a introduit l'obligation pour les entreprises d'envoi de nommer un représentant sur le sol français.

La qualité du représentant en France n'est pas imposée, il peut donc s'agir d'un professionnel – à l'exclusion de l'expert-comptable, bien évidemment, comme évoqué au point d'attention n° 3 – ou d'un salarié de l'entreprise d'envoi.

Cependant, quelle que soit la qualité du représentant choisi, il devra nécessairement s'exprimer en langue française et sera l'interlocuteur principal des agents de contrôle sur le territoire.

Comment rédiger les parties consacrées au volet guide du mémoire ?

Appréhender rapidement l'ossature incontournable
de la partie guide du mémoire

Il est conseillé au candidat de privilégier l'ossature proposée ci-après pour présenter le volet guide du mémoire. En effet, la réglementation des experts-comptables prévoit que, quelle que soit la mission à exécuter par l'expert-comptable, ces étapes doivent obligatoirement être respectées par souci d'être en conformité, par exemple, avec la norme professionnelle de maîtrise de qualité. Toutefois, seuls les aspects spécifiques à la mission exposée au mémoire devront être détaillés en trois étapes.

Étape 1 : prise de connaissance et acceptation de la mission

Elle expose l'attitude et les travaux que l'expert-comptable devra déployer pour s'informer au sujet du prospect client et de son environnement global, de façon à acquérir une connaissance suffisante de celui-ci pour réaliser sa mission, conformément à la réglementation qui encadre ses activités. C'est au cours de cette phase que l'expert-comptable pourra détecter les besoins actuels et futurs de ce dernier.

Étape 2 : exécution de la mission

Ce volet du mémoire tend à énoncer comment, dans le respect du contexte réglementaire de son exercice professionnel, l'expert-comptable devra exécuter la mission apportée au mémoire et avec quels outils.

Étape 3 : réalisation des travaux de fin de mission

Dans ce chapitre, le candidat devra expliquer, à l'aide d'outils et d'annexes, les travaux que l'expert-comptable devra déployer pour clore la mission, en se conformant à la réglementation en vigueur.

Étape 4 : le cas échéant, ouverture vers des opportunités de missions annexes

Dans ce chapitre, le candidat devra expliquer, à l'aide d'outils et d'annexes, les arguments que l'expert-comptable devra avancer pour convaincre le client de l'importance d'un accompagnement complémentaire. Seront évoquées, dans ce chapitre, les grandes lignes permettant d'exécuter les missions à forte valeur ajoutée induites par la mission principale, en se conformant à la réglementation en vigueur.

Comment rédiger les parties consacrées au volet guide du mémoire ?

La technique de rédaction **des propos à exposer à la partie guide**

Dans la partie « Exécution de la mission », les travaux à mener devront être décrits en sept étapes. (Se référer à la séance n° 1 : les pratiques à adopter rapidement.)

Étape 1 : utiliser intelligemment le futur simple

Pour décrire la manière dont l'expert-comptable devra réaliser ses travaux, l'utilisation intelligente du futur simple permettra à l'expert-comptable membre du jury de mieux se projeter dans la mission proposée.

> *Dans le cadre de l'accompagnement, c'est lors de l'entretien avec le client que ce point sera évoqué. Le professionnel rappellera à son client l'importance de nommer un représentant en France en lui conseillant le recours aux prestataires externes. Par ailleurs, il évoquera systématiquement l'étendue de la responsabilité du client, car la nomination du représentant n'exonère en rien la société, à savoir Alpha, de sa responsabilité au regard des obligations qui lui incombent. Par conséquent, le mandat qui liera Alpha à son mandataire devra clairement définir les responsabilités de chacune des parties.*

Étape 2 : proposer une phrase introduisant brièvement l'analyse/l'action/la démarche/la tâche/le sujet à développer

Cela suppose que le candidat replace la tâche à effectuer dans un contexte spécifique à la mission et cela soulignera l'importance d'effectuer les travaux exposés dans les conditions qu'il mettra à disposition.

> *Le succès de l'accompagnement réside en partie dans la stratégie de transmission des données de paie élaborée au sein du cabinet.*

Étape 3 : expliquer à l'expert-comptable comment réaliser une tâche spécifique à la mission

Le cas échéant, la démarche et les outils que le professionnel devra déployer pour mener le rendez-vous client de fin de mission dans de bonnes conditions. À cet effet, les travaux effectués par le candidat devront, au minimum, apporter des réponses aux questionnements suivants, quel que soit le contexte de performance des activités du client étudié au mémoire :

– Quels points clés devront obligatoirement être évoqués par l'expert-comptable lors du rendez-vous client ?

– Quelle posture l'expert-comptable devra-t-il adopter ?

– Quels supports, proposés au mémoire par le candidat, l'expert-comptable devra-t-il déployer pour communiquer ses conclusions au client ?

– Que devra obligatoirement retenir le client au terme du rendez-vous ?

Mis au point en accord avec le client, le planning devra accorder audit client ainsi qu'au professionnel une certaine souplesse d'action.

Il devra, par exemple, offrir au client la possibilité d'ajuster en cas d'imprévu les informations transmises sans que cela n'impacte le délai de traitement des paies orchestrées par le professionnel.

Étape 4 : proposer systématiquement l'outil nécessaire à sa réalisation

Lorsque le candidat expliquera à l'expert-comptable comment faire pour réaliser la tâche exposée à l'étape 3, il est important qu'il propose systématiquement, par ricochet, l'outil nécessaire à la réalisation de celle-ci.

[...] à cet effet, nous proposons en annexe n° 24A un questionnaire de contrôle de la mission.

Étape 5 : exposer brièvement l'intérêt que revêt l'usage de l'outil proposé

Le candidat expliquera dans le paragraphe en quoi l'outil est indispensable pour la réalisation des travaux exposés. C'est un moyen clé de mettre en valeur son apport professionnel.

En amenant le professionnel à prendre du recul sur la mission effectuée, le questionnaire permettra au collaborateur de vérifier la bonne application des dispositions externes et internes encadrant l'accompagnement.

Comment rédiger les parties consacrées au volet guide du mémoire ?

Étape 6 : sensibiliser l'expert-comptable à l'importance de la tâche que le candidat vient d'exposer

Le candidat rappellera, dans le paragraphe à développer, une situation issue d'un cas réel auquel il a été confronté ou non (mais sans le préciser au jury) et qui illustre les retombées :

– positives lorsque les conseils que le candidat a mis à disposition de l'expert-comptable sont correctement appliqués ;

– négatives lorsque les conseils du candidat ne sont pas correctement appliqués.

Le candidat exposera les solutions de correction et les outils qu'il apporte, le cas échéant. Il devra systématiquement introduire chaque outil en une ou deux phrases, c'est-à-dire exposer son contenu clé et dire en quoi l'outil est indispensable.

Le candidat présentera les solutions à déployer en amont et visant à limiter au mieux les risques induits par les travaux exposés. Là aussi, les outils qu'il apportera devront systématiquement être introduits par une ou deux phrases (contenu clé de l'outil et en quoi l'outil est indispensable).

> *Par ailleurs, il sera indispensable de définir avec le client le format de transmission des variables de paie. Ce dernier point est particulièrement important, tel qu'évoqué dans le mémo à l'usage du collaborateur proposé en annexe n° 22AF. Dans le cas contraire, le client aura tendance à transmettre au professionnel une version sous Excel des bulletins de paie, et le collaborateur en charge du dossier devra s'acquitter de la tâche chronophage de reconstruire les éléments qui figurent ci-après, lorsque la fiscalité applicable aux détachés attribue à la France le droit de taxer leurs revenus :*
>
> *– les montants bruts de la rémunération, augmentés des divers avantages y afférents ;*
>
> *– les charges sociales du pays d'envoi assises sur la rémunération en question.*
>
> *Reconstituer les données sociales nécessaires à la détermination du salaire net imposable des paies des détachés rend particulièrement difficile le traitement de la paie, et encore plus si les données transmises sont présentées dans un format difficile à appréhender. Cette difficulté est amplement réduite lorsque le cabinet met à disposition de son client, dès le début de la mission, un format standardisé, néanmoins adapté aux particularités du client. Un modèle en la matière est proposé en annexe n° 22P-TERS.*

Étape 7 : conclure les propos exposés en rappelant à l'expert-comptable l'importance du respect de la démarche mise à sa disposition

Au terme des travaux exposés, le candidat devra souligner au professionnel l'importance du respect des conseils fournis, par souci de sécuriser la mission et de réaliser les travaux décrits dans de bonnes conditions et en conformité avec la réglementation des experts-comptables.

Comment rédiger la conclusion ?

Construite de manière claire et concise, la conclusion générale devra apporter au jury une réponse à la problématique initiale et devra être rédigée en trois étapes.

Étape 1 : dresser un constat global de l'accompagnement

Il y aura ainsi lieu de souligner :

– les difficultés éprouvées par les clients ;

– le cas échéant, l'absence d'accompagnement réel sur le marché ;

– le cas échéant, la difficulté pour le client à appréhender seul les spécificités de la réglementation française encadrant la mission ;

– le cas échéant, l'expression d'un fort besoin d'accompagnement par le client non encore satisfait.

Étape 2 : mettre en lumière le rôle central de l'expert-comptable au regard de ce constat

Il sera attendu du candidat qu'il :

– expose clairement le rôle clé de l'expert-comptable dans le cadre de la mission ;

– mette en avant, le cas échéant, la place de partenaire clé au cœur des flux que détient l'expert-comptable dans les entreprises, et qui le rend le plus légitime pour accompagner les clients dans le cadre des éléments annoncés dans le constat global de l'accompagnement ;

– expose, le cas échéant, que l'expert-comptable est le mieux armé pour anticiper les risques inhérents à la mission et sécuriser les différents accompagnements abordés dans le constat global.

Étape 3 : répondre à la problématique initiale du mémoire

Pour ce faire, il y aura lieu de souligner que l'ensemble des outils, démarches, feuilles de route mis à disposition dans le mémoire permettent à l'expert-comptable d'accomplir toutes les diligences qui lui incombent.

© Copyright 2025, MBOUNGOU MBOUMBA Fleur Venezia
Édition : BoD · Books on Demand, 31 avenue Saint-Rémy, 57600 Forbach, bod@bod.fr
Impression : Libri Plureos GmbH, Friedensallee 273, 22763 Hamburg (Allemagne)

Graphisme : Grapao
Illustrations : QueenMama
Relecture : Christelle Gigot

ISBN : 978-2-3225-9541-9
Dépôt légal : Mai 2025